An die lieben Pflegeeltern oder
Heimleiter
Wichtige Informationen der
Ursprungsfamilie

AF191329

Kindergärtner Benno Hocke

An die lieben Pflegeeltern oder Heimleiter

Wichtige Informationen der Ursprungsfamilie

Bibliografische Information der Deutschen
Nationalbibliothek
Die Deutsche Nationalbibliothek verzeichnet
diese Publikation in der Deutschen
Nationalbibliografie; detaillierte bibliografische
Daten sind im Internet über http://dnb.d-nb.de
abrufbar.

ISBN   9783756840946

9,99 Euro

Sie müssen das Kind abgeben, weil es zwischen dem ganzen Alkohol, den Drogen und dem Egoismus stört? Weil das Jugendamt eben dies festgestellt hat und Ihnen das Kind entzieht? Vielleicht ist es besser so und Sie können mit diesem Buch ihr Wissen einer besseren, positiveren Familie weitergeben.

Ihr Benno Hocke

Dieses Buch enthält Informationen über:

Lieblingsessen:

Lieblingsgetränke:

Bisherige Erfahrungen mit dem Kind:

Hobbys:

Diese Familienangehörigen gehörten zu ihm/ihr:

Die schönsten Momente der Familie mit ihm/ihr:

Seine/Ihre schönsten Momente im Leben:

Typisch. Den Mist hat das Kind stets verbockt:

Schicksalsschläge:

Das mag er/sie gar nicht:

Das mag er/sie:

Stärken:

Diese Zeichentrickserie mag er/sie:

Vorgelesene Bücher:

Handyapps, die das Kind mag:

Damit kann man ihm/ihr immer eine Freude machen:

Da reagiert sie/er stets allergisch:

Körperliche Allergien:

Diese Gegenstände in seinem Zimmer, sind ihm lieb und muss er immer behalten: